CAPTAIN
TSUBASA
ROAD TO
2002

キャプテン翼

8

ROAD TO 2002

高橋陽一

集英社文庫

CONTENT

CAPTAIN TSUBASA ROAD TO 2002

★この作品は、2001年時点での
状況をもとに描かれています。

ROAD 105
ラ・リーガ
初ゴール!!

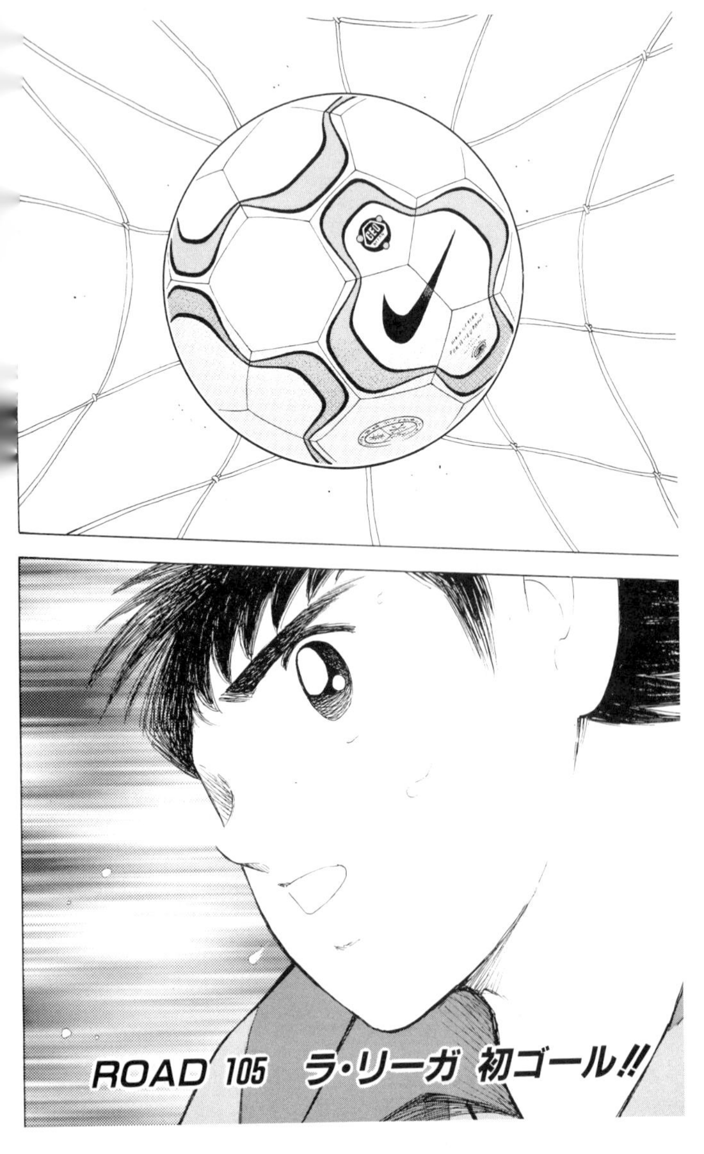
ROAD 105　ラ・リーガ 初ゴール!!

バルセロナ
逆転
ゴ〜〜〜〜ル

翼くん
やったァ
翼が
やったぞ
南葛市――
やったァ
兄ちゃん
ウォーン
ウォーン
ジョンの家

神田ボクシングジム

すげェ
翼が
決めた

同時刻
バレンシア
エスタディオ・メスタージャ
バレンシア 1―0 ビルバオ
サンターナ 1ゴール

サラゴサ
ラ・ロマレーダ
サラゴサ 0―0 ラ・コルーニャ
ラドゥンガ
スタメン出場中

ドイツ
ブンデスリーガ
ハンブルグ
フォルクスパルク
シュタディオン
ハンブルグ 0―0 ケルン
若林源三スタメン出場中
FILA

やったな 翼…
ヨーロッパ初ゴール
おまえに先を
越されちまったぜ
やったァ!!
見た!? ボバング
これが俺の
憧れの人
翼さんの本当の
実力だよ!!
く…
苦しい

ドドドドドドドドド
やったなツバサ
魅せたなこの野郎
俺達をさしおいてたった一人で決めやがってコイツ〜〜〜っ

すげェぞ
ツバサ
ツバサ
ワンダー
ボーイ
ツバサ
ツバサ
翼くん
ツバサ
まさに
バルサの
新星
よかったね
早苗
2部チーム
行きとか
いろいろ
あったけど
さすがアンタの
ダンナ様
やっぱり翼くんは
すごいよ
うん
ツバサ
翼…

見事な逆転ゴール
だがこれで満足するな
まだ試合に
勝ったわけじゃない
試合時間は充分
残っているんだ
ツバサ
ツバサ
しかし今は…
そうだな 翼…
ツバサ
今は この喜びを
素直に表して
いい時だな
翼
やった
ツバサ
ドキ
ドキ

やったぞオ!!

バルセロナVS
R(アール)・マドリッド
前半〃28〃分
この試合
〃3〃点目
となる
ゴールは
TSUBASA
28
LUIS ENPOLI
21

2―1と
R・マドリッドを
ひきはなす
バルセロナの
逆転ゴール
大空翼のまさに
283ゴール
SEMON
12

このゴールは大空翼にとって
まさに世界トッププレイヤーへの第一歩
〝世界一のサッカー選手になる〟
この小さい頃からの
夢を実現させるための
全世界に向けたアピール弾
その第一撃であった――

ツバサ
ツバサ
ツバサ
ツバサ
ツバサ
ツバサ

ツバサ
ツバサ
ツバサ
ツバサ
ツバサ
ツバサ
ツバサ
ツバサ

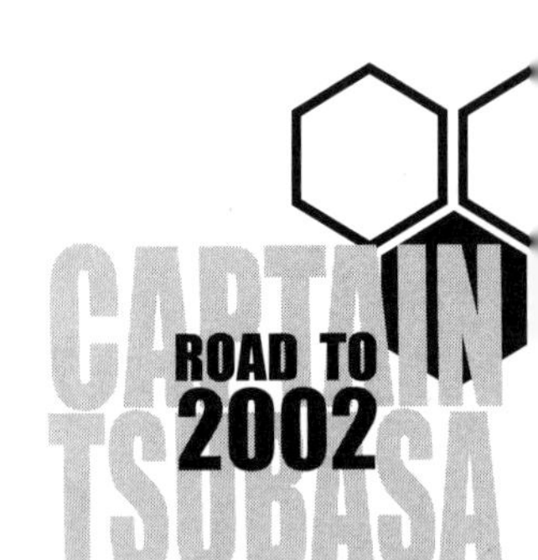
CAPTAIN
ROAD TO
2002
TSUBASA

ROAD 106
カンプ ノウの嵐

なんとなく予感はしてたんだ
ザッ
やっぱり自分のポジションを無視してでも
ツバサのマークに行くべきだった
でもまァいいか
オオゾラツバサの常套句じゃないが…
BLUENO
4
0

取られたら取り返すだけだ!!
ギッ…
ナトゥレーザ
タタ…
わかってる
勝負はまだまだこれからだ!!

バルセロナ逆転ゴール
しかも決めたのがリバウールの代役で今季初出場弱冠20歳の新人オオゾラ ツバサとあって
バルサ
ツバサ
バルサ
バルサ
よーしいけェ
ツバサ
その大声援を後押しにまだまだ続くバルサの猛攻
BARCA
SPORT

ツバサ
ウォオオオオオ
ツバサ
バルサ
バルサ
ツバサ
カンプノウは
まさに興奮のるつぼ
スタンドは
ハチの巣をつついた
ような熱狂の嵐です
くっ…
今季開幕4連勝
リーガ首位を走る
絶好調
R・マドリッドが
防戦一方

開幕から勝ち星なし
最悪のスタートと
なってしまった
バルセロナが
オオゾラ ツバサという
新しい力を得て
完全に試合のペースを
握っています
よし
ゲームメイク
頼むぞ
ツバサ
はい
ダムッ
もう一点
狙って
いくぞ

いけェ
ツバサ
バルサの
超新星
これこそが
バルセロナの
本当の実力
リーガは
始まったばかり
この試合に勝利して
勢いに乗れば
まだまだリーガ
優勝を狙えるぞ
バルサ
そーだ
そーだ
バルサ
いけェ
バルサ
バルサ
バルサ
うっ…

くそっ
この雰囲気に
飲まれるな
まずは
きっちり
ディフェンス
だ!!
GATI
14
しかし王者
R・マドリッドも
キャプテン
ブルーノを中心に
懸命の守備網を
敷きます
毎年 毎年
同じ展開…
昨年もこの地で1-2の敗戦
今年もリバウールと
ツバサが
入れ替わっただけで
何の変化もない

おう!!
BLUENO
20年間
カンプ ノウで
勝利なし…
その歴史を打ち破るべく
最強のチームを率いて
今年 この場所に
乗り込んできたのに…

すべては
この会場の
雰囲気が
そうさせるのか
だが
この雰囲気を
打ち破れる男が
今年の
チームにはいる
私が与えた
神秘の背番号0を
背負う男
ナトゥレーザ
今
この試合の流れを
変えられるのは
おまえしかいない

BERLITZ IDIOMAS
あ～～～あ
ボールが
来ないなァ
ポジション
無視して
ボール
取りに
行こうかな
でも
そうすると
また
怒られる
しなァ
怒られるのは
ヤだしな
フンフゥフ
フ～～～ン

フン フゥフン フ〜〜ン
どうした ナトゥレーザ 鼻歌なんか歌って 今日は体調が いいのか
ぜ〜んぜん
だって ここは 空気が 悪すぎるもん
このヤな空気を まぎらわすために 歌ってるの
俺の おまじない だね
まァ 俺達の故郷 アマゾンに比べれば どこだって空気は よくないさ

それも ここは
スペインの首都
大都会
マドリッド
だからな
パーーーン
ブロロ
ブロ
ブロロロロ

体調が
悪くても
頼んだぞ
ナトゥレーザ
今日の
R・マドリッド
入団テスト
苦労して
やっと
受けさせて
もらえるように
なったんだからな
ハイ
ハイ
まったく
人ごとみたいに…
バルセロナに入った
ツバサと戦うために
バルサのライバル
R・マドリッドに
入団したいって
言ったのは
おまえだろ
うん
でも
スペインリーグで
ツバサと
戦えるなら
別に
どのチームでも
よかったんだよね

兄ちゃん
どうせなら
もうちょっと
空気のいい
田舎町の
チームにしない?
別に
弱いチームでも
いいからさァ
おいおい
いまさら
何言ってんだよ
R・マドリッド練習場
シウダ・デポルティーバ

今日 ウチの
入団テストを受ける
ナトゥレーザくんだ
Bチームの
紅白戦で
サブチームに
入ってプレイ
してもらう
TA
YARIS

そして こちらが今日 君の審査をしてくれるトップチームコーチダニエレ氏とモンテーニャ氏だ
あれ？トップチームの監督さんは？
えっ
よろしく
だって どの選手を試合で使うかはその監督さんが決めるんでしょ？
き…きみ

確かに そうだが
監督は今日
所用で
来られないんだ
でも大丈夫
君のプレイは
ビデオに撮って
監督にも
見てもらうことに
なってるから
あそ
だったら
いいか
この
生意気な
態度…
誰だよ
コイツ
ヒソ
ヒソ
ナトゥレーザ…
ブラジル アマゾネス州出身
ブラジル U-20代表
ワールドユースにも
ほんの少しだけ
出場したらしいけど
その他の情報は
ないってよ
ヒソ
ヒソ
ふ〜〜〜ん
まァ なんにせよ
こんなブラジルの
田舎者に
世界No.1クラブ
R・マドリッドを
これ以上
なめさせるわけには
いかねえよな
ああ

試合で…
つぶすぜ!!
ああ
フン
フフン
フ〜〜ン

ROAD 107 監督の心眼

ホイ
ホ～～イ
ずっと続いているナトゥレーザの〃自分の体へ向かってくるタックルをかわしてのプレイ〃…この高度なプレイをコーチ達はわかってくれてるんだろうか…
メ
ッ
えっ
確かにいいバネをしてるボール捌さもうまいね
ええ

でもアフリカ系の選手ならこの程度の身体能力を持ったプレイヤーはザラにいますよ
まァそうだね
やっぱり気づいてないのか
何やってんださっきから…アイツをボールごと削るんじゃねえのかよ
そうなんだが…
それが…
じゃあ俺にまかせな
まったく…マスク着けたままプレイだと⁉ふざけやがって
サムエル
!!

おおっ
サムエルの
相手のトラップ際を
狙った
突貫ショルダー
チャージだ!!

ヒロ
ダッ
それに…
耐えた
この…
そ…
そんな…
うりゃあ

ホホ〜〜〜イの
ホイ!
うん キミは迫力が
あって なかなか
楽しめるねェ
な…
なにィ
サムエル
でさえ
削れない…
なんなんだ
コイツは…
うん
身体能力の
高さはわかった
でも 彼は
攻撃的な選手
なんだよね
えっ
は…はい

だったら
そのへんを見せて
もらわないと…
いつまでも無難な
パスやキープじゃ
評価のしようが
ないしね
そ…そう
ですね
無難…
おい
ナトゥレーザ
もっと
アピールしろ!!
点を取って
アピール
するんだ!!
ハイ
ハイ
わかり
ましたよ
おっ
ゴール前に
切れ込むのか
…アレ
違うぞ

そんな…DF（ディフェンダー）との勝負を避けゴールライン際へ行ったんじゃ得点なんか…
よし そこからセンタリングだ!!
点を取って俺が…
俺達が逆にトップチームのコーチにアピールしてやる
いきますよ

えっ
ハイ
決まったァ

今のは…
まさか狙ったのかね
は…はい もちろん
…そうかな
いや…今のは
ただのセンタリングがそのままゴールインしただけじゃ…
アチャ〜ッ
私達も時間がないしこのくらいでいいよ
はい
よし紅白戦終了だ!!
ピィ〜ッ ピッ ピ〜〜ッ

アレ
もう終わり
なの
削ろうにも
削れない…
今までサッカー
やってきて
こんな選手
初めてだ…
数日後
HOTEL
GARAJE
XI
兄ちゃん
R・マドリッド
からの連絡
あったァ?

いや ない…
やっぱり
ダメだったの
かな
アレじゃ
しょうが
ないね
じゃあナトゥレーザ
R・マドリッドは
あきらめて
他のチーム探すか…
このマドリッドにも
まだチームはあるけど
おまえは もっと
空気のいいところが
いいんだろ
よし
ここを離れて
違うチームを
探しに行こう
わ〜〜〜い
なんだよ…
あの時のプレイは
やっぱり
それが狙いで
手を抜いたのかよ
へへへ…
でも
見せるところは
見せたけどね
それがわかって
もらえないんじゃ
しょうがないよね
さァ もっと
空気のいい
田舎町に
いこう いこう!

チェックアウトですね
はい
ザッ
あ〜〜〜〜あ
とはいうものの
これから
別のチーム探す間
滞在費 持つかな…
これは私が払います
えっ
よかった間に合って

あなたは…
R・マドリッド
トップチーム
デラパスケ監督
ホントだ
遅くなったが
君のプレイ
見させて
もらったよ
ニコ

あっ 忘れてました 監督 それは先日 入団テストを 受けにきた ブラジル人選手の ビデオです
私達は 直接 見ましたが これといって…
君達は その場で いったい何を 見てたんだ
えっ
彼の宿泊先は!? まだ この マドリッドに いるのかね!?
入団交渉は 私が直接する!! 早く宿泊先を 教えたまえ!!
ええっ

自分の体へ
向かってくる
タックルを
かわしながら
なおかつ
バランスを
崩さずに行う
このボール捌き
このジャンプ力
身体能力の高さ
強靭な足腰
それらのプレイを
マスクを着けながら
平然とこなす
心肺機能と
スタミナ
そして最後の
高度なテクニック
カーブをかけた
ループシュート
それも
逆風の中
決めている

ぜひ
我がチームに…
いいよ
スクッ
空気は あまり
良くないけど
そこまでオレのプレイを
ちゃんと見てくれてる
人が監督なら
安心してプレイできる
兄ちゃん 俺
R・マドリッドに
入るよ
ナトゥレーザ
サッ

よろしく
お願いします
こちらこそ
こうして
ナトゥレーザの
R・マドリッド入団が決まった

ROAD 108 神秘の力

今この
危機的状況を
打破できるのは
ナトゥレーザ
しかいない!!
しかし…
勢いに乗った
バルセロナの
猛攻が
依然 続きます

ツバサにボールが
入ってから
対処するんじゃ
遅い
その前に
パスカット
するんだ
おう!!
R・マドリッド ダブルボランチ
ガティ マケロロ
ここにきて
やっと
R・マドリッドは
ツバサさんへの
マークを
きつくしてきた
でも それは
ツバサさんの
実力を
R・マドリッドも
認めたって
ことだよ
うん
ババッ

そっちがそうくるなら
当然…
バルセロナは中央の翼ではなく両サイドハーフのベテランルイス・エンポリまたはセモンを使ってきます
ナイスパス
なにィ

そのパスを
供給しているのは
バルセロナ
影の支配者
ワンボランチの
グランディオス
相変わらずの
ナイス
パスセンスだ
グランディオス
いいぞ
ペップ
く…
くそっ
ツバサを
マーク
されても
バルサの
攻撃は続くぜ

攻守にわたる
バルサの心臓は
まさに
この人だと
言われています
このチームが
いまだリーガ
未勝利だなんて
信じられない
R・マドリッドに
負けず劣らずの
いい選手が
そろってますよね
オラ
もう一点
もらうぜ!!

あっと　ここも
キーパー
カリューシャス
ファインセーブ
2点を
失ってるものの
今日の
カリューは
当たってる
キーパーが
彼でなければ
あと何点
取られていた
ことか…
バルサ
バルサ
いいシュート
だったぞ
ライカール
バルサ
バルサ
バルサ
もう一点
もう一点
バルサ
バルサ

前半のうちにもう一点だ!!
いけェバルサ
もう一点もう一点
バルサバルサ
もう一点もう一点
バルサバルサ
バルサバルサ
もう一点もう一点
バルサバルサ
もう一点もう一点

くそっ!!
あっと
R・マドリッド
ガティが
パスカットォ

今日はボランチの
位置に入ってますが
トップ下・FWと
センターラインなら
どこでもこなせる
ユーティリティー
プレイヤー
再三 狙っていた
パスカットを
ようやく ここで
成功させました
よし
くそっ
取られたら
取り返す
までよ!!
うっ
しかし
バルセロナ
すかさず
素早い
チェックに
いきます

パスコースがない…
くそっ
ガティこれは苦しまぎれのロングフィード
‼
しかしここには誰も…
てん
てん

あっと
この位置に
猛然と
ナトゥレーザ

すごい
スピードで
タッチラインを
割るはずの
ボールを
止めたァ
ザッ
ザザッ
ナトゥレーザ
スタッ
ピタッ!

借りは…返す
取られた点は取り返す
by オオゾラ ツバサ
ア〜〜〜ンド オレ
ナトゥレーザ
ダッ
そして
ナトゥレーザの
すぐ後ろでは
前半ロスタイム
1分が表示
されました
いけェ
ナトゥレーザ
はい

58
57
何かが
起こる
ナトゥレーザ
バルサの猛攻に
鳴りをひそめていた
ナトゥレーザが
仕掛ける！
バルセロナゴール前に
そのままドリブルで
切れ込むぞ

俺が止める
今度こそ
アウミージャ
ダッ
これはまたもアウミージャとの一対一
49
えっ
カクッ
48
51
50
いやナトゥレーザ勝負しないで方向転換ゴールには向かわないぞ
47

いや
ナトウレーザは
ゴールを
あきらめた
わけじゃない
あの位置は…

狙ってるぞ!!
入団テストで見せた
あの技を…
ピタッ
43
42
41

ナトゥレーザは
何かを
仕掛けてくる

よし 上げろ
ナトゥレーザ
前半終了
間際に
同点にするぞ

アウミージャ
ナトゥレーザは
フォンセカに
まかせて
FW二人を
マークだ
おう

行くぞ
スネークマーク
行くぞ
角度0の
シュート
38
37

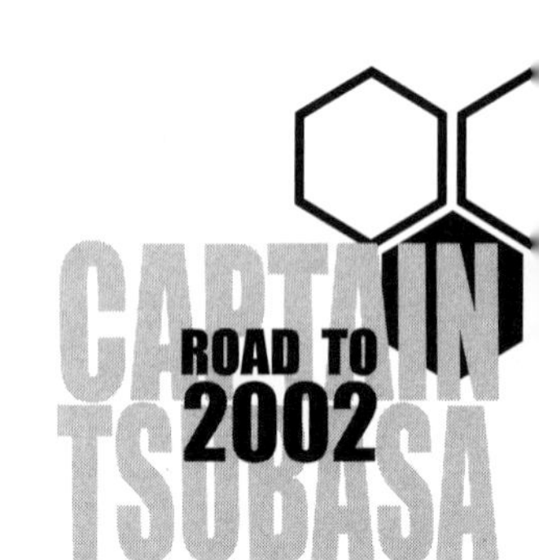
CAPTAIN TSUBASA
ROAD TO 2002

NO WAR!
バルサは平和を願う
EL BARCA
PER LA
PAU
ROAD 109
キーワードは"ゼロ"

フォンセカの
マークが
間に合った

よし！これで
センタリングも
上げられない
おい なんで
上げない
ナトゥレーザ
もう時間は
ないんだぞ

いや まだ
30秒
残ってる
それにDFが
前にいた方が
都合が
いいんだ
28
27
密着マークに
行く
フォンセカ

なにやってんだ
ナトゥレーザ
得意技を
出せるチャンス
だったのに
おまえは
この期に
およんで
まだサッカーを…
ボールの取り合いを
楽しんでいるのか!?
22
23
21
へへへ…
これが噂の
スネークマークか
なかなか
楽しいや
18
17

審判が時計に目をやる
チラッ
このまま前半戦終了か
コイツなかなかのボール捌きだ
だがボールは奪えなくてもセンタリングだけは上げさせねえ
バックステップ…？
NATUREZA
角度0のシュート

発進!!

こ…これは
なにィ

CEP
センタリング…!?

DFの
股間を抜き
ワンバウンド
させて打つ…
GKはDFが
ブラインドに
なって見えな
かったはず
ナトゥレーザ
別パターンの

ブリュッ

角度0の
シュート

くっ
キーパー
レシャール
懸命の
バックステップ
手を伸ばすが…

届かない
センタリングではない…ボールにはゴール方向へのカーブがかけられている
これはこのままゴールインするぞ

あっと　しかし
翼
翼が　ここまで
全速力で
戻ってきている

ツバサ!!

勢い余って
ゴールポストに
激突もボールを
かき出したァ

パジョル これをサイドにクリア
ツバサ
ナイスだ ツバサ よく戻ったぞ
えっ!?
ゴールイン!!
あっと これはゴールが認められた模様です
ええっ
なにィ

翼が懸命に
かき出したボールは
すでにゴールラインを
割っていたとの判定
えっ
ゴールイン!?
ゴール
イン
ホ…
前半終了間際
R・マドリッド
2－2の同点に
追いつく〜〜っ

ハイ カウント0は過ぎてるよ
えっ
そしてここで前半終了の笛だ
危なかったな ツバサが危険を察知し戻っていたなんて
さすがだ ツバサ
でも前半のうちに借りは返したぜ
ツバサ
やった 0の男が残り時間0分 試合をふりだし0に戻した
くそっ
間に合わなかったか…

大丈夫か ツバサ
決められちまったが ナイスファイトだ ツバサ
GONZALES
大丈夫です ただの打撲…
これで勝負は 後半… 後半も いけます!!

さァ みなさん
ここは
バルサファンで
いっぱい
違う意味で
空気が悪いから
早くロッカー
ルームに
戻りましょう
えっ
Banc Sabadell
タ
ッ
やるな
ナトゥレーザ

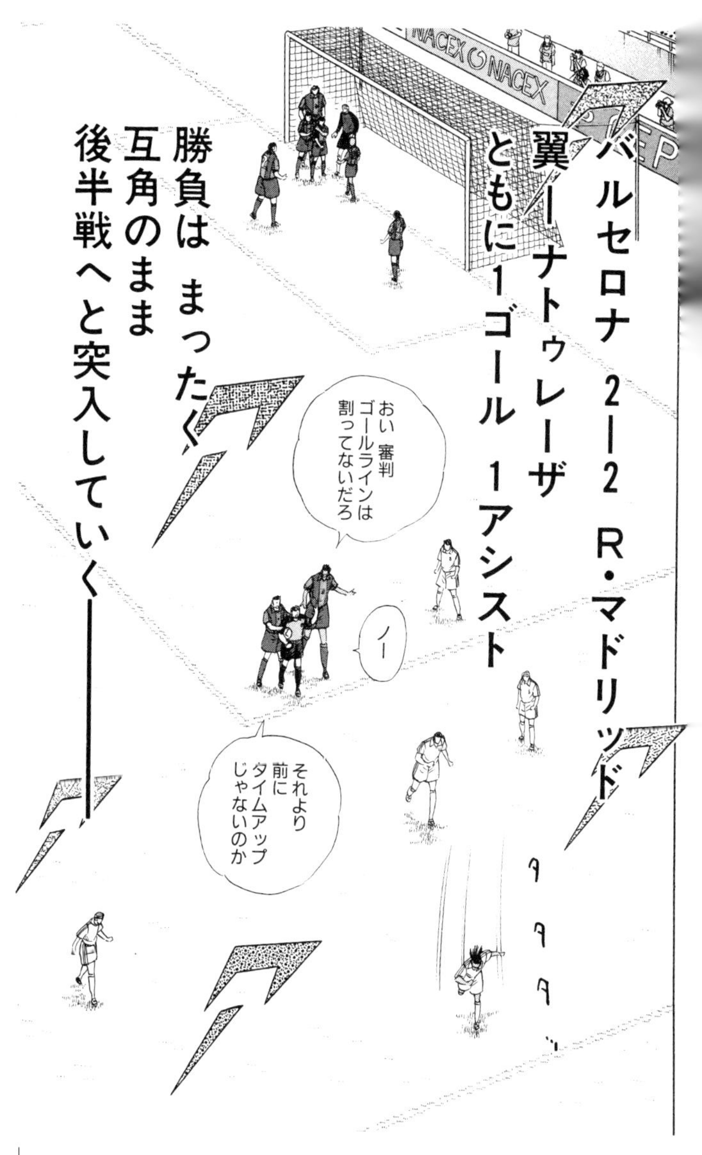
NACEX NACEX
バルセロナ 2－2 R・マドリッド
翼－ナトゥレーザ
ともに1ゴール 1アシスト
おい 審判
ゴールラインは
割ってないだろ
ノー
それより
前に
タイムアップ
じゃないのか
タ タ タ …
勝負は まったく
互角のまま
後半戦へと突入していく――

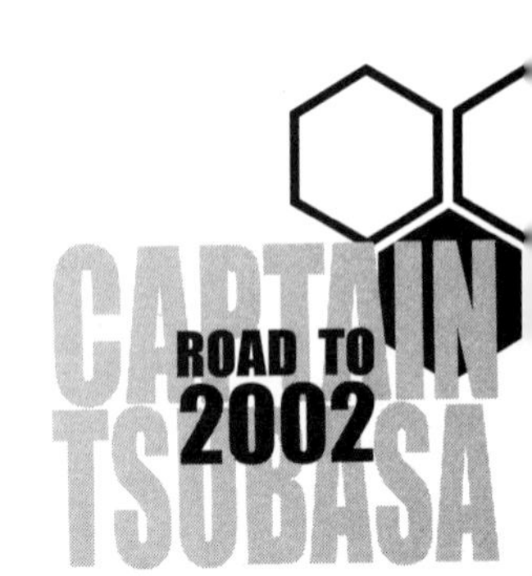
CAPTAIN TSUBASA
ROAD TO 2002

ROAD 110
キーマンを潰せ!!
adidas
JFA

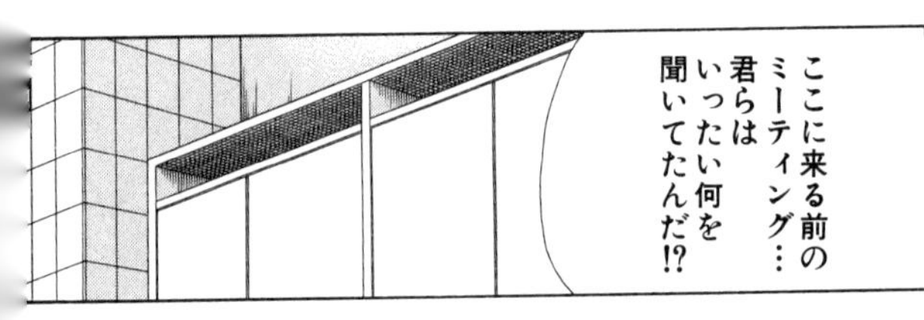
ここに来る前のミーティング…
君らはいったい何を聞いてたんだ!?

新人トップ下オオゾラ ツバサをつぶす…
万一我々が不覚を取るとすればそれは このオオゾラ ツバサに大活躍されたとき…

私は そう言わなかったかね

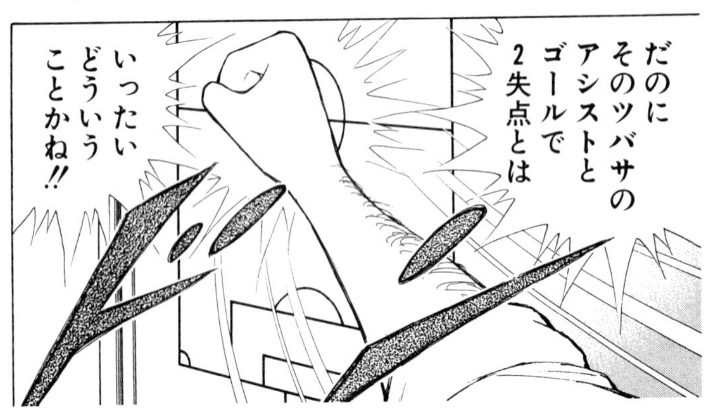
だのにそのツバサのアシストとゴールで2失点とは
いったいどういうことかね!!

監督の指示を
無視した
つもりはない
しかし
オオゾラ ツバサの
実力が我々の
予想以上に
優れていた
ということ
ナトゥレーザの
個人技で
なんとか同点に
追いついたから
いいものを
そして やはり
心のどこかで思っていた…
バルサはリバウールの
抜けた穴をグランディオス
ルイス・エンポリ セモンらの
ベテラン勢で
埋めてくるものと…
これほどまでに
バルサが
ツバサにボールを
集めてくるとは
想像していなかった

ズイ
ザッ
ブルーノ…
キュッ
キュッ
リバウール＝ツバサ!?
RIVAUL
=
TSUBASA

みんな
後半はリバウールだと思っていつもと変わらぬ強敵バルセロナだと思ってプレイしていこう!!
おおっ
わかったぜブルーノ

さすがキャプテンブルーノ
へへへ…なんでだろ
ツバサの実力をみんなが認めてくれるのが

なんだかうれしいや

ガティ
御苦労
後半は
フラビオで行く
役目は もちろん
トップ下での
ツバサの
プレイを
防ぐことだ
はい!
最後 いい
パスカットを見せた
オールラウンダー
ガティに代え
よりディフェンシブな
フラビオ・コンセスの
投入…ということは
後半は より守備的に
戦うということか?
adidas

だが いいか
みんな
アウェーでの
引き分け
狙いなど
考えるな!!

この試合は
勝ちにいく!!
カンプ ノウ
20年間 勝ち星なし
その歴史に今日
我々が終止符を
打つんだ!!
おおっ!!

そのための
後半の作戦が
これだ…
ザッ
キュッ
キュッ

なるほど…
TSUBASA
よし いくぞ 後半!!
おう!!

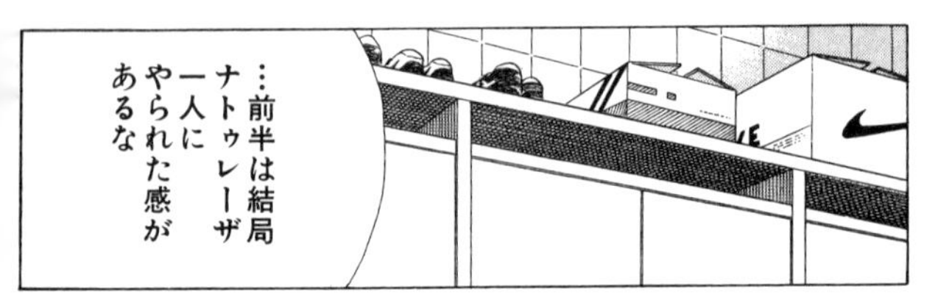
…前半は結局
ナトゥレーザ
一人に
やられた感が
あるな

確かに…
世界No.1クラブ
と言われる
R・マドリッドで
新人選手が
いきなり
ここまで
フィットして
いようとは…

だが あえて
ナトゥレーザに
マンマークは
つけない
ヤツに一番
近い者が
止めに行く
それでいい
その結果
後半…

ナトゥレーザに
5点
取られようと
それは構わん
ええっ

その時はバルセロナ全員の力で6点奪うんだ!!

おう!!

よし 後半も
メンバーチェンジはない
このままの
布陣で行くぞ!!
おおっ!!

よし
いくぞ!!

後半も　この
カンプ ノウの
ピッチで
めいっぱい
サッカーを楽しむ
そして

勝つ!!
!!
ザッ

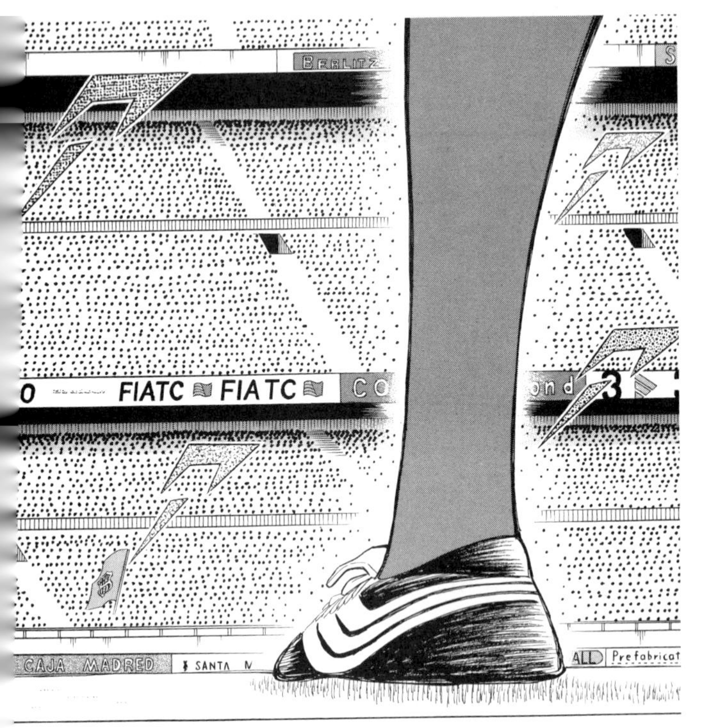
BERLITZ
FIATC FIATC
CAJA MADRED
SANTA
Prefabricat

後半は俺の方が
先にカンプ ノウの
ど真ん中
一番乗りだぜ
へへへ…

Bic
Sabadell's
Boll Damm
Bic mac
JVC
ナトゥレーザ
ニコッ
両者
雌雄を決する
後半が始まる

勝負は泣いても笑っても
あと45分
KERAKOLL
adidas
CAJA MADRID

R・マドリッドのキックオフで
スペインダービー後半開始です

CAPTAIN
ROAD TO
2002
TSUBASA

ROAD 111
No.1クラブの底力

ツバサ
キックオフ直後果敢にボールを取りに行ったのは翼だ
おおっ

よし 後半も
気合いが
入ってるぞ
翼は
ゴールポスト
直撃の
ケガの心配は
ないみたいだ
おっと
あっ
ズザザッ
翼の
ハッスルプレイに
呼応するように
ベテラン
ルイス・エンポリも
鋭い読みと動き
バウッ
いきなりの
パスカットだ
ナイス
ルイス

スク
そして
このボールを
すぐさま
翼のもとへ
それ
ツバサ
LUISENPOLI
21
よし いけェ
後半も
ツバサを中心に
バルサの
猛攻だ!!
そうは
いくか
!!
ザッ

おっと 翼には
後半から投入の
フラビオ・コンセスが
つきます
フラビオ
頼まれてた物
やっと手配
できたよ
TSUBASA
28

オオゾラ ツバサの
ブラジル・
サンパウロ時代の
ビデオ
ちゃんと
編集して
DVDにも
落として
おいたぜ
ありがとう
いつも
すまないな
ホントだよ
しかし
毎度 毎度
おまえの研究
熱心さには
頭が下がるよ
しょうがないさ
これくらいの
下準備をして
おかなきゃ
世界No.1クラブ
R・マドリッドの
ユニフォームを
着続けることは
できないんだ

ブロロ
ロッ
わ~~~っ
フラビオさん
それ もしかして
ツバサの
サンパウロ時代
のプレイじゃ…
俺にも
見せて
くださいよ
ああ
そうか
今日の試合に
向けての
イメージ
トレーニング
ですね
まァな
でも
フラビオさん
気をつけて
くださいよ

今日のツバサは
そのビデオの
ツバサより
数段上の
プレイを
してきますよ
……!!
…そうだな
R・マドリッドに
入団し さらなる
成長を遂げた
おまえと
同じようにな
はい!
へへへ…

ツバサのフェイントのクセは覚えた
そしてなによりドリブル突破だけはさせない
横へのパスは仕方ない
だが縦パスは出させない
ギラッ
!!
ザッ
ザッ

あっと　この
翼のマークに
センターバックの
イヴァンゲルも
上がってくる
そして後ろからは
パスカットされた
マケロロが
その汚名返上にと
ボール奪取を試みる
なにィ

これは なんと
R・マドリッド
三人がかりの
翼へのプレスです
三人がかり!?
MAKELOLO
24
TSUBASA
28

三方向からのプレッシャー
あっというまに囲まれた 翼
うっ
ズキ
ドッ
マドリッドボール奪取成功
しまった
R・マドリッド後半の作戦は翼 徹底マークか
よし

あっと そして
イヴァンゲル
だけじゃない
DF(ディフェンス)ラインは
キャプテン
ブルーノの
指示のもと
ボール奪取と同時に
鋭い押し上げです
MARCA MARCA MARCA

中盤を より
コンパクトに
保とうという
作戦
そして この
DF陣をも
含めた
R・マドリッドの
バムッ
ビムッ

回し!!
フィールド全体を使ったワンタッチあるいはツータッチによる素早いパス回しが展開されます
ドムッ
ドィム

中盤の厚み
全体の押し上げ
R・マドリッドは
後半早々
勝負をかけてきた
これは
ボールキープによる
ドロー狙いじゃない
このカンプ ノウで
バルセロナを
倒すための
R・マドリッドの戦法

その意志統一が
ベンチを含めた
選手 スタッフ
全員にできている
ボールを
回しながら
相手のスキを
見つけろ
いけェ
R・マドリッドは
勝負をかけてきた

個人技に
走ることなく
ナトゥレーザも
このパス回しに
加わる
ナトゥレーザ
そして
これは…

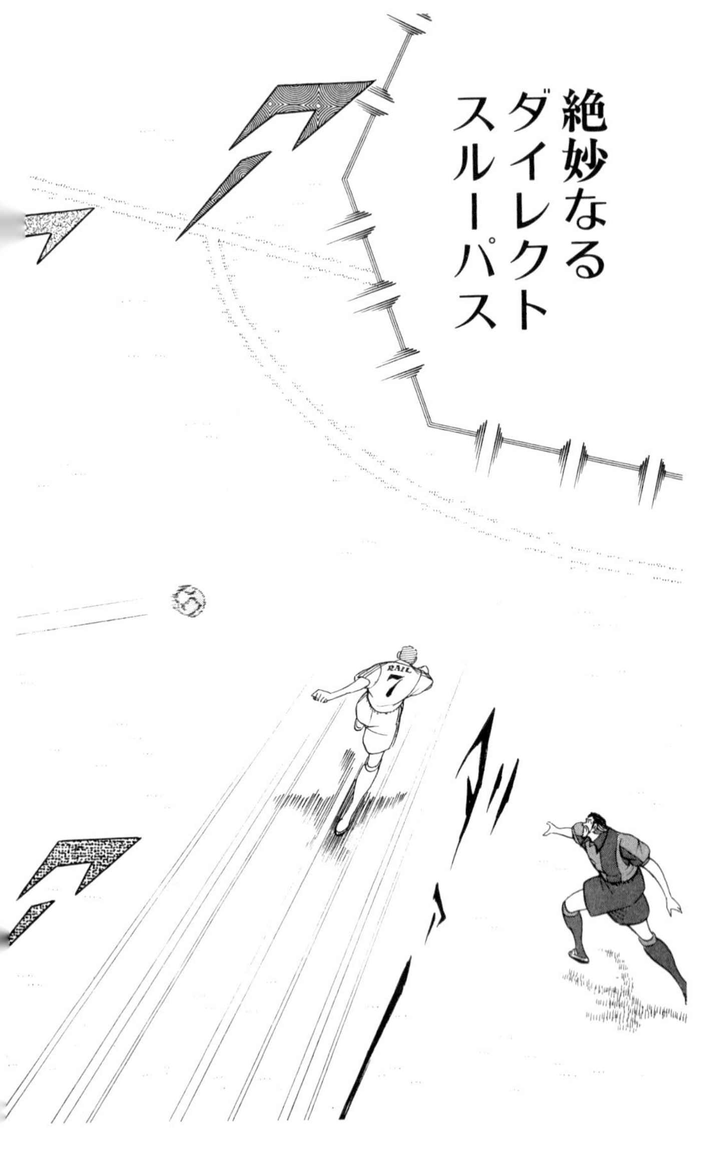
絶妙なダイレクトスルーパス
RAIL
7

バルサディフェンスラインの裏を取られた
いけェライール!!

ROAD 112
壁を射抜け!!

ナトゥレーザ
絶妙の
スルーパス
いけェ
ライール
よし

ディフェンスラインの
裏を取られた
バルセロナ
し…
しまっ
たァ!!
しかし4バック
最後の一枚
パジョルが
ケアしていた
うおおっ

うっ
パジョル猛然とタックルを敢行
RAIL

しかし これは
ライールの脚にも
かかっているか!?

ピ〜〜〜〜ッ
あ〜〜っと
やはり笛だ
R・マドリッドに
直接FK(フリーキック)が
与えられます
よし
ゴール正面
絶好の
位置だ!!
おい! なんでだ
正当なタックルだろ
コイツが勝手に
ひっかかって
きたんだぞ
ノー
よし

しまった
俺のミスから…
相手にチャンスを…
さァ このフリーキックは誰が蹴るのか
この位置からファーゴか
あるいはブルーノ
それともロベカロでいくのか
あっと
こ…これは
ザッ

ボールを
託されたのは
なんと
ナトゥレーザ

チュッ

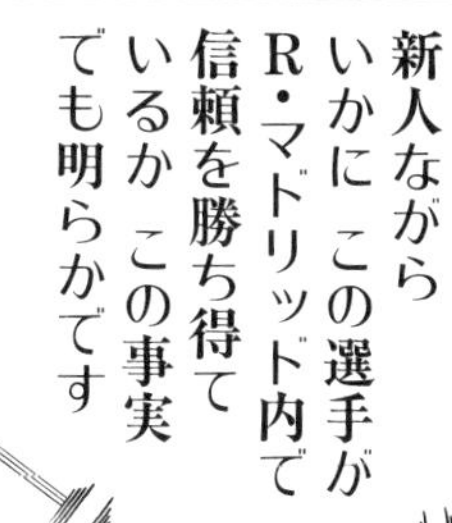
新人ながら
いかに この選手が
R・マドリッド内で
信頼を勝ち得て
いるか この事実
でも明らかです

ナトゥレーザの
フリーキック

前半のように
正面から
ロベカロ助走で
狙うのではなく
横からの
入り…
ナトゥレーザの
狙いは
カベの上…

そう
みたいだな
ピイ…ッ
KERA
ダーッ
よし
ザッ

跳べ!!
バッ

!!
えっ

なんだ これは…
ナトゥレーザの
フリーキックは
空振り!?
ボールは
わずかに
カスッただけ…
いや しかし
その後方から
ロベルト・カロルスが
猛然と 走り込む
ニヤッ

これは
二人の
連携プレイ
直接シュートと
見せかけた
ナトゥレーザの
フェイクキック
そして
ロベカロさんへの
パス
しまった――

ロベカロの
豪快
シュートォ

ボールは
跳び上がって崩れた
カベの足もとを
スリ抜ける〜〜っ

キーパー
レシャールの
飛び込みも
間に合わな〜い

LG MONITORES

後半開始わずか5分
R・マドリッド
バルセロナを再び
突き放す鮮やかな
逆転ゴール

よっしゃあ

やったぜ
ロベカロ
ナトゥレーザ

RAIL
7

3－2と
エル クラシコ
またも一歩
リードです
…………
よし

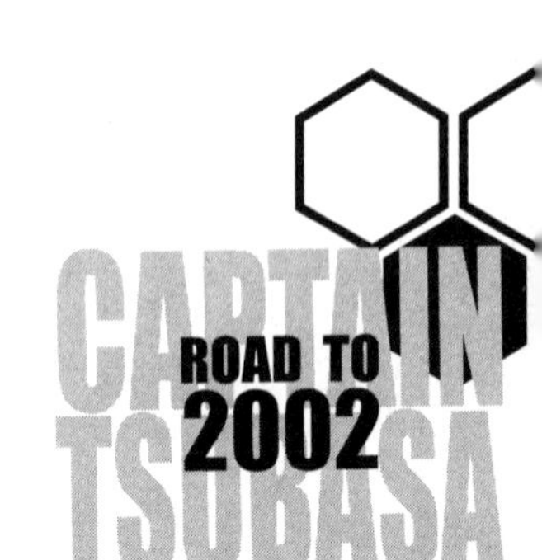
CAPTAIN
ROAD TO
2002
TSUBASA

28
THIS IS
FORD
ROAD 113
攻撃あるのみ!!

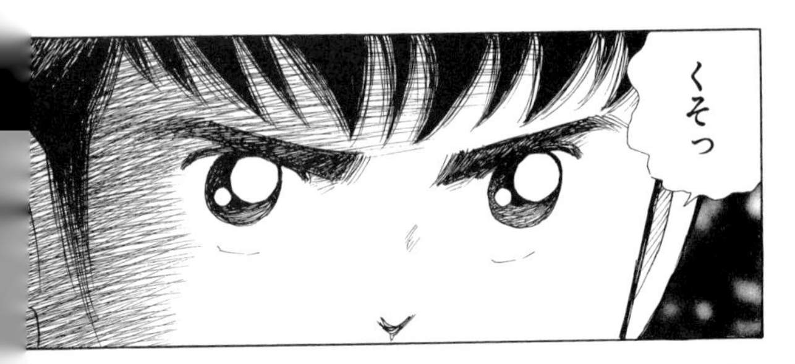
くそっ

でもミスを悔やんでもしょうがない
その償いはただ一つ…ゴールを奪い返すことだ
TSUBASA 28

行くぞツバサ
はいっ!!
今度こそ奪い返される前に…

突き放す!!
そのためには…
いけバルサ
前半のようにもう一回逆転だ
中央の守備(ディフェンス)を強化してきたR・マドリッド
それでも俺達は…
ツバサ!
はい!
ツバサにボールを託す

それが
トップ下プレイヤーを置く
バルセロナのサッカー

これは上手い
翼のトラップ&
ダッシュ
マケロロの
肩越しに
ボールを浮かせ
見事
抜き去ったァ
なっ

しかし そのすぐ後ろには
F・コンセス
ザッ
ダムッ

ツバサ無理だと思ったらこっちにはたけ
俺達が両サイドからおまえをフォローするぞ
ありがとうございます
でも ここは…
自分でいく!!
!!

相手の得意技はすべて自分のものにしてしまう
これこそ翼!!
今日のツバサはそのビデオ以上のプレイをしてきますよ
これはナトゥレーザが見せた技

こ…これは
前半
ナトゥレーザが
アウミージャ
相手に見せた
ヒールキックでの
股抜き
フェイントだ!!
コイツは
この試合の中でも
成長を遂げて
いるのか

ああ～～っと
しかし ここに
ナトゥレーザ

!!
ナトゥレーザが
ここまで戻っている
さらに翼の
このプレイを予知
していたかのような
スライディング
ディフェンスです

バルセロナを
突き放す
そのためには
まず
ツバサを
止めることだ
翼への
徹底マーク

よし
行くぞ!!
おう!!
そして
ボール奪取と
ともに
またも…

R・マドリッドの
全員サッカー
鋭い
押し上げです
よし
そうだ!!

リードしたからといって守りに入る必要はない
必勝を期すためさらなる追加点を狙っていけェ!!
おおっ!!
R・マドリッドの巧みなパス回し
ボールは右サイド

ルイス・ファーゴのもとへ
昨年まではこの同じバルサのユニフォームを着た仲…ファーゴ
ファーゴをつぶせェ!!

ピッチの上では
感傷はいらない
勝負だ
エンポリ
右サイド 華麗な
フェイントで
ルイス・エンポリを
かわし この
ルイス対決を
制したファーゴ
うっ
しまった

すぐさま
ゴール前へと
折り返す
頼むぞ!!
これはファーゴ
元 同僚達へ贈る
惜別の…
R・マドリッド
追加点を呼び込む
センタリングか!?
ここには
長身フォワード
マリエントスが
ピンポイントで
走り込んでいる
よし
もらったァ
!!

そうはいくか!!
あっと しかしその前にクリア
カタルーニャ出身 ジュニアチームからバルサひとすじのパジョルはえぬき選手がこの危機を救ったァ
MARCA

しかし
R・マドリッドの
攻撃は まだ
終わっていない
この
クリアボールに
走り込んで
いるのは
ナトゥレーザ
バルセロナを
突き放す追加点…
MARCA

もらったァ!!
ナトゥレーザ
これを
ダイレクト
シュートだァ

ROAD 114
力と技の一撃
これは…
ドライブシュート!!
取る!!

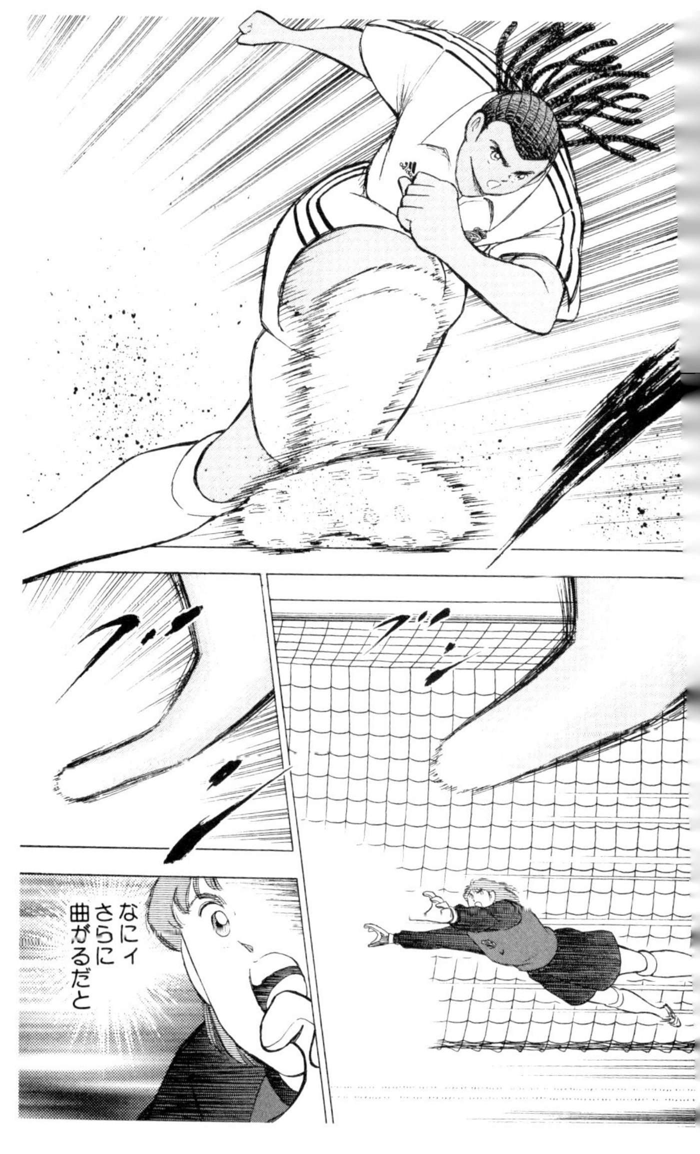
なにィ
さらに
曲がるだと

REICHARD
1
GK レシャールの
懸命に差し出す手を
あざ笑うかのように
鋭く曲がり落ちる
ナトゥレーザの
シュート
しかし これは
ゴールからも
遠ざかってしまう
シュートだ

いや…違う
これは
ワールドユース決勝
あの若林くんから
ゴールを奪った
ナトゥレーザの
必殺
〝二段フライング
ドライブシュート〟
ま…まずい
バウンドした
ボールは…
なにィ
あ〰っと
ゴールラインを
割るかと思われた
このシュートは
バウンドして
飛ぶ方向が変化
ボールは そのまま
ゴールに向かう

あ〜〜っと
ゴンザレス
ワンバウンドして
ゴールに向かった
このボールに反応
懸命に
かき出す〜〜っ

NTIAC
JVC
ゴンザレスさん
救ったァ
ゴンザレス
この危機を…
バルセロナ
絶体絶命のピンチを
救ったァ

!!
し…しかし
まだだ
バルサ二度目の
クリアボールにも
ナトゥレーザが
反応している

なんという読みだ…
この一連のプレイ
すべてが最初から
こうなるとわかって
いたかのような
ナトゥレーザの
このシュート後の
猛ダッシュ

あっと しかし
このボールに
対しては
フォンセカと
ナトゥレーザの
シュートか!?

アウミージャが反応している
それともフォンセカアウミージャのクリアか!?

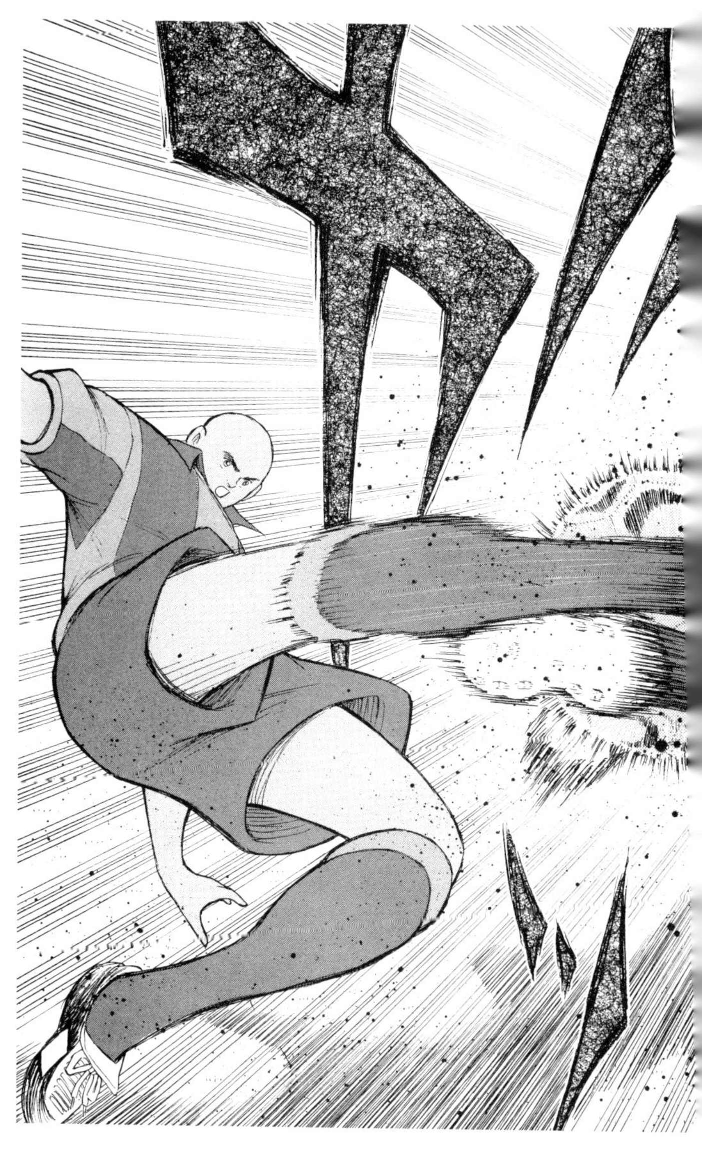

ぐわっ

わっ

Banc Sab
ナトゥレーザ
ここは技でなく
パワーで
押し切ったァ

4－2
R・マドリッド
バルセロナを
突き放す
ここカンプノウで
問答無用の
4点目だ

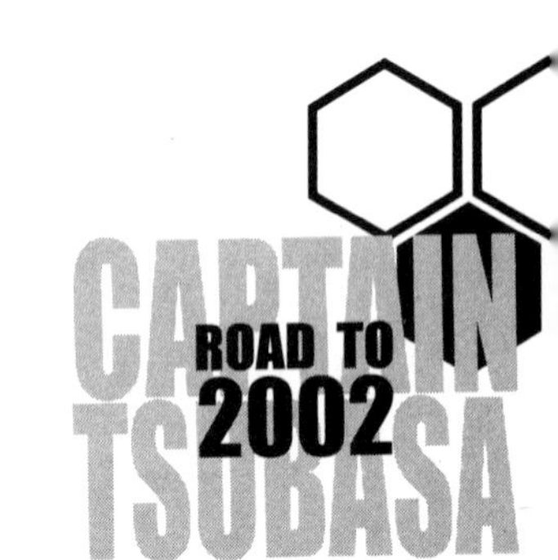
CAPTAIN TSUBASA
ROAD TO 2002

後半開始早々
R・マドリッド
ここカンプ ノウで…
バルセロナから
2点を奪取
BARCA
BARCELONA
BARCELONA
BARCA
ROAD 115
バルサ封じの秘策!!
奪った4得点
すべてに絡み
みずからも
2ゴール
BARCELONA 2
R.MADRID 4

我々は今 このエル クラシコという大舞台で その歴史の一ページを体験しているのかもしれません

ROAD 115
バルサ封じの秘策!!

ペレ
ベッケンバウアー
クライフ
ジーコ
マラドーナ……
彼らの後を
継ぐべき
スーパースター

サッカー界に
現れた超新星
ナトウレーザ
REZA

その偉大なる
功績の第一歩が
今日 この日
達成される…
20年間の
永きにわたる
R・マドリッド
カンプ ノウでの
未勝利
その屈辱の歴史に
今日 ナトゥレーザが
終止符を打つんだ
SPORT

ダッ
ッ

ツバサ

わかってるぜ
何点差を
つけられようと
おまえが決して
試合を…勝負を
あきらめない男
だってことはな

だからこそ
倒しがいが
あるんだ

だからこそ
おまえと競い合う
時間が
楽しいんだ

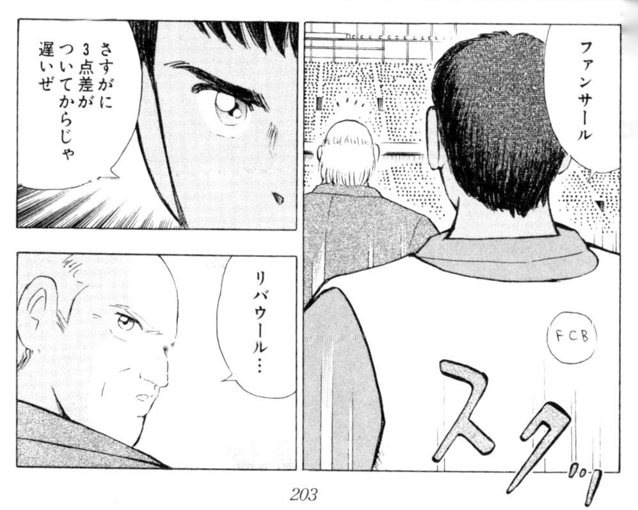
ファンサール
FCB
スク
さすがに
3点差が
ついてからじゃ
遅いぜ
リバウール…

準備してくれ
リバウール…
そして
みんな
監督…
だが
その前に…
選手交代の
前にも
打つ手はある
R・マドリッドの
作戦は
中央を固めての
ツバサ徹底マーク…
ならば…
ルイス
セモン
ツバサの
フォローに回る
必要はない
えっ
もっと大きく
左右に開け
サイドを使って
攻撃を
組み立てるんだ
28

バルサの
サイド攻撃
おう!!
そうか サイドを
えぐれば 当然
R・マドリッドの
ディフェンス
ラインは下げ
ざるをえない
ダッ
そうして
おいて
翼に…
ザ…

いや だめだ
そのパスコースには
翼のマンマーカー
F・コンセス
だったら
さらに
縦…
オーフェルス
タッチライン際
からの
センタリングだ
よし
それっ

うっ
MARCA
MARCA
しかし
これも
跳ね返す
マドリッド

そうとも…
サイド攻撃を
受けても
中央は
ライカール
一人に絞って
マークすれば
いい
フフフ…

リバウールが
いれば別だが
今日のトップ下
ツバサには
リバウールほどの
高さは
ないからな

くっ

サイド
攻撃も
通用しない
だったら
もう…

メンバー交代して試合の流れを変えるしかない――

おいリバウールもアップしてるぞ
出られるのかリバウールが

パパ…
やっぱり負けるなバルサは
なにィ

ザワ
ザワ
こうなったら最後はやっぱりリバウールに頼るしか…
ザワ
ザワ
そうだな…

確かに
ツバサに
リバウールの
高さはない

しかし…

ツバサには
マーカーを外す
スピードと…
えっ
セモン
ツバサだ!
ツバサを
使え!!

ツバサが
フリーに
よし
頼むぞ
ツバサ
セモン 右からの
センタリングは
ライカールル
ではなく

そして
ツバサには
この…
翼へ

跳躍力がある――
翼 このセンタリングを直接……

オーバーヘッドにいくウ〜〜っ

!!
あっと しかし
その背後に
ナトウレーザだ

ROAD 116　屈辱の現実
ブワッ
しかし翼はそのまま強引にその右脚を振り抜く〜〜っ
ナトゥレーザはヘディングで

ブロックだァ!!

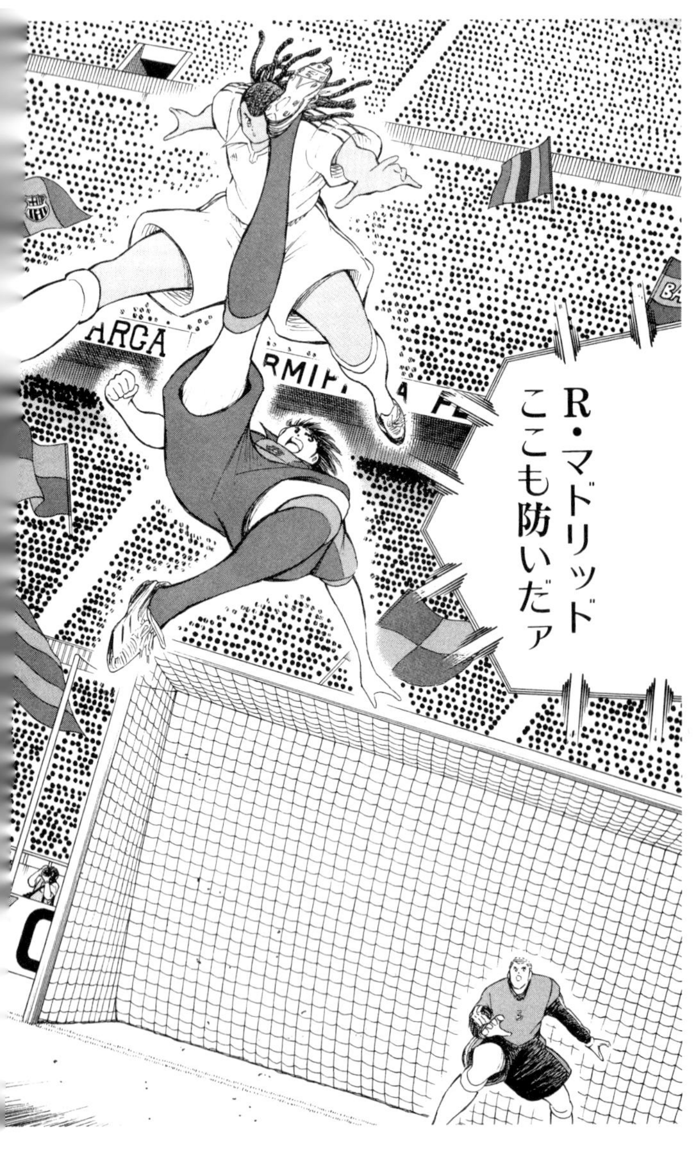
R・マドリッド
ここも防いだァ

MARCA MARC
ナトゥレーザ
攻守にわたる
この素晴らしい
パフォーマンス
KER

ピィーッ
しかも
これは…
JVC
なんと翼に
イエロー
カード
強引に
打ってでた
翼の18番
オーバーヘッド
キックは
危険なプレイと
判断されました
……!!

イエローカードを
もらった以上に
翼は衝撃を
受けていた
後半からの
俺の
一連のプレイ
すべてが…
ハァ
ハァ
ナトゥレーザに読まれている!!
ポン
ポン
Prefa
ERA

さすが いい判断だ ナトゥレーザ
確かに これ以上 無理に攻める 必要もない
F・コンセスとともに ツバサをマーク し続けさえすれば

この試合 必ず R・マドリッドは 勝利できる!!
BARCELONA 2
R.MADRID 4
SIN

翼の18番 オーバーヘッドも 防がれた…
しかも イエロー…

翼くん…

…………

アウェーなのに
後半は完全に
R・マドリッド
ペースだ
つ…
翼さん…

翼……
このまま
終わるな…

前半の
あの翼は
どうした
なんとかしろ
翼
おまえは いつも
そうして
きただろ

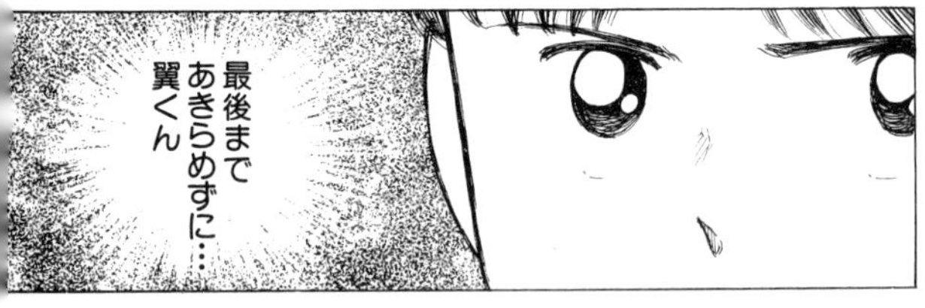
最後まで
あきらめずに…
翼くん

翼でも
通用しないって
いうのかよ
これが
ナトゥレーザの
これが
世界No.1クラブ
R・マドリッドの
実力…
これが……

世界最高峰
ヨーロッパサッカーの
壁なのかよ
SPORT

翼……
BERLITZ
DIOMAS
BERLITZ
winterthur

Damm
BERO
FIATC
CAJA

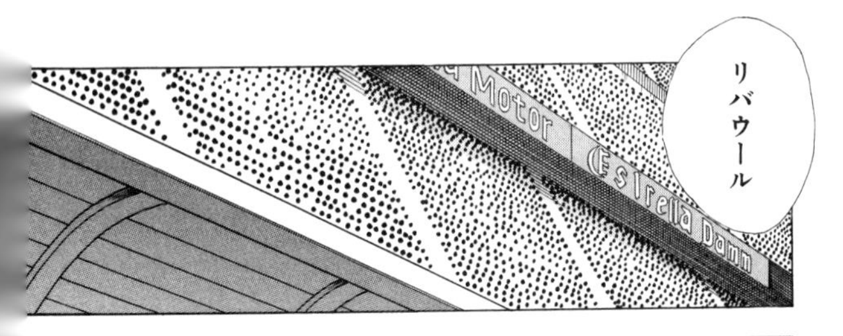
リバウール
Motor
Estrella Damm

行くぞ

はい!

ナトゥレーザ

あっ

てん
てん
えっ

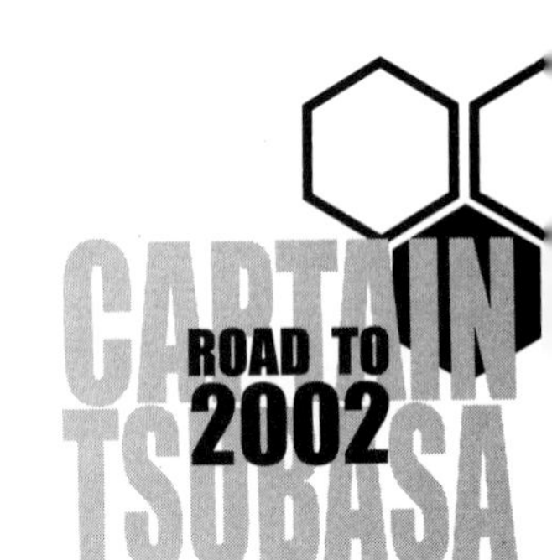
CAPTAIN TSUBASA
ROAD TO 2002

ROAD 117 バルサの新布陣!!

ROAD 117
バルサの新布陣!!

後半15分
バルセロナ
翼に代え…

リバウール投入です
やっぱりもう 頼みはエースリバウールしかいない
ツバサも前半はよかったが・・・
この後半はトップ下の仕事が全然できなかったもんな・・・
ツバサ
ポン

デビュー戦
としては
上出来だ

ポン
よく
やったよ
ツバサ

あとは
リバウールに
まかせて…
ハア
ハア
…………
ハア
いやだ!!
代わりたくない…

まだ
このピッチを
出たくない…!!

ツバサァ!!
Winterthur

何をしてる
おまえは
プロだろ!!

ゴンザレスさん

俺達はこれから2点を追って反撃しなきゃならないんだ!!
そのためには1分1秒でも時間が惜しいんだよ!!だから…
とっととピッチを出ろ!!
それがこの試合おまえの最後の仕事だろうが!!

……!!
くっ…

ダッ

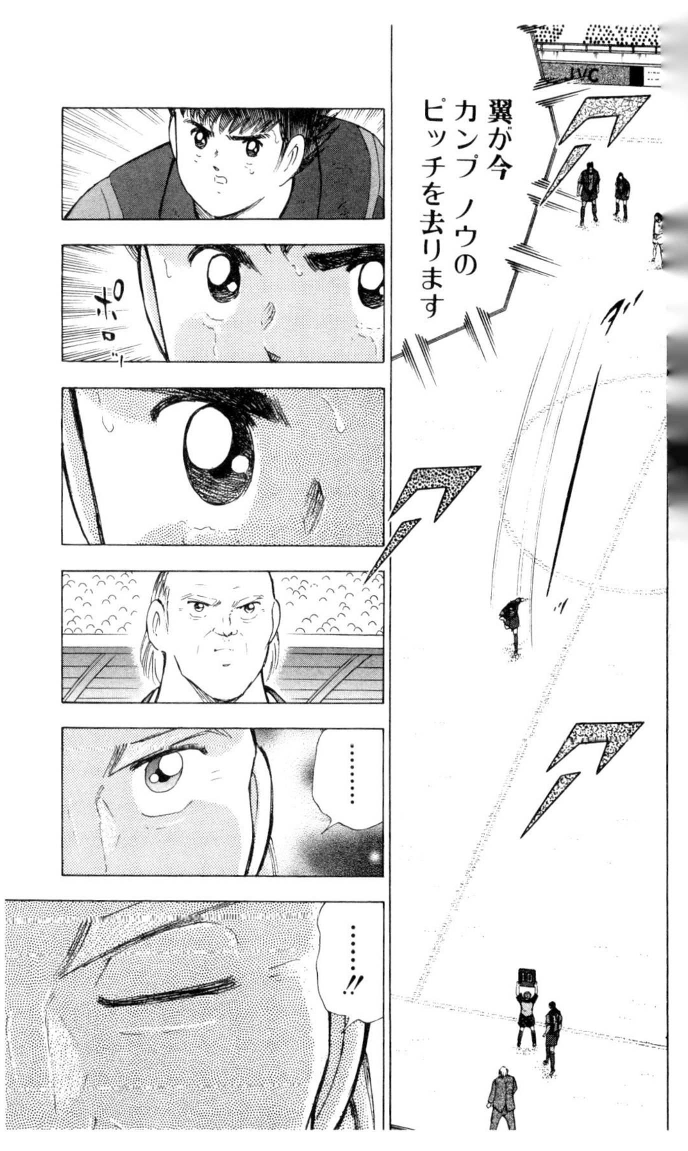

JVC
翼が今
カンプ ノウの
ピッチを去ります
ダッ
ポロ…
……
……!!

待て
リバウール
ザ
第4審判
交代選手の
変更だ
RI
!!

ツバサではなく
代わるのは
11番の
オーフェルスだ
えっ

俺が…交代選手がこのサイドラインを越える前なら
変更はきくはずだ
え…ええ
ファンサール監督…
おっと これはどうしたことか
えっオレ!?
交代選手の掲示間違いかそれとも急遽変更なのか

リバウールに代わるのは翼ではなくFW オーフェルスのようです
翼
翼くん
やった翼さんがまだ出る
翼…
翼さんのプレイがまだ見られるぞ
よかった…
やったぜ翼ァ!!

ツバサでなくオーフェルス？
ザワ
これって得点力を生かしてリバウールがFWの位置に入るのか？
ザワ

まさか
そうともリバウールはバルサ不動のトップ下だぞ
でもこれでFWはライカール一人ワントップにダブル司令塔ってそんな作戦…
確かに…
じゃあどういうシフトを敷くんだよ
ザワ
ザワ
ザワ

血迷ったなファンサール
ニヤッ
どうやら自分の考えがまとまらないうちのリバウール投入らしいな

ファンサール俺とツバサのポジションは？
………
フッ

フリーだ!!
えっ
私達 三人は
〝トップ下〟に
こだわりすぎた
のかもしれん
こだわるのも
いいが
逆も また
真なりだ

〃10番〃の共存
それがバルセロナの新布陣だ
今まで…
一度も試したことがないのにか
ああそうだ!!

まァ……
おもしろいかも
しれんな

ありがとう
ファンサール監督
俺も捨てる
こだわりを
TSUBASA
28
SPORT

トップ下じゃなくてもいい
まだ このピッチに
立っていられるなら
俺は……
ポジションは どこでもいい!!

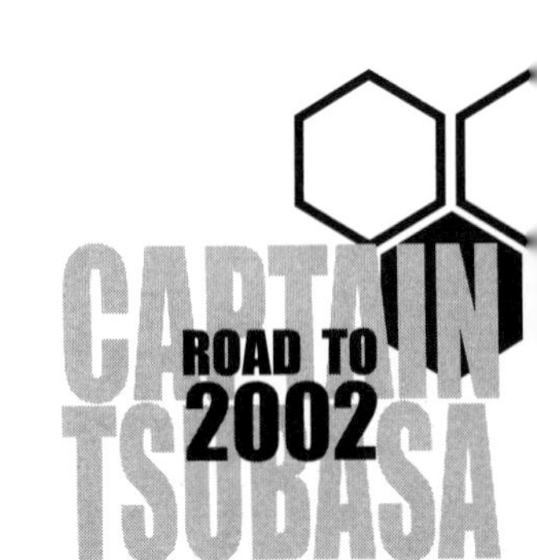
CAPTAIN
ROAD TO
2002
TSUBASA

このピッチに立っていられるなら
ポジションはどこでもいい
最・後・までがんばれツバサ
TSUBASA
28
は…
はい!!
ROAD 118 ダブル司令塔 発動!!

さぁ いくぞ ツバサ

ROAD 118
ダブル司令塔発動!!
はい!!
くるっ
OVERUS
11
リバウールに続き交代予定が変更になった翼も勢いよくピッチに戻ります

へへへ…
こうでなくつちゃおもしろくないぜ
ツバサとリバウールの共存?
ダブル司令塔?
練習ですら試したことなんてないのに…
いきなりこんな大一番で…
フフフ…でもおもしろいじゃないか
えっ
味方の俺達でさえここまでとまどっているんだ…

きっと相手はそれ以上に…
MARCA MARCA
リバウールはどのポジションに…
ツバサがFW?
それともリバウールがFW
俺はこのままツバサのマンマークでいいのか
まさかセモンとルイス・エンポリを上げて3トップ
この布陣…今までのバルサじゃないことは確かだ

これこそが…

ドドドドン
ファンサール最後の奇策!!

監督…
あなたのサッカー哲学からするとこの布陣は絶対ありえないはずでは…

確かにそうだな
でも私はこの試合に勝たなければ解任だ
バルセロナ
ガスポート会長

だったらせめて最後に見てみたいじゃないか
え？

誰もが認める世界No.1のトップ下プレイヤーリバウール
近い将来その座を担うであろう若き戦士
オオゾラ ツバサ

トップ下に
こだわる
サッカー
その私なりの
哲学に基づく
美しいサッカー
それが見たくて
今まで
私のチームでは
その布陣を
敷いてきた
矛盾しているかもしれんが
そのことと
同じように
私は 今
急に・・・
ただ
単純に
見たく
なつたんだ

ツバサとリバウール・・・
どちらかではなく
ポジションに関係なく
その二人が同時に
プレイする姿を・・・
ただ単純に
私は
見てみたい!!
リバウールさん
RIVAUL
10
TSUBASA
28
Caixa▼Penedes Caixa▼P

フリーと言われてもどうポジショニングすれば…
簡単なことさ
俺かお前どちらかがトップ下に入ったときにはどちらかがFWに上がる
その場その場臨機応変にな
は…はい
なんとか
やってみまーす
ああ
俺もなんとか…

やってみるさ!
え?
さァ
バルセロナの
スローインから
試合は
再開されます
がんばれ
パパ

お前がFWなら俺と真っ向勝負ができるなリバウール
それはどうかな
だったら俺はこのままツバサのマンマークでいいんだな
RIVAUL
10

えっ
ダッ
ダッ
あっと
これは
いきなりの
翼と
リバウールの
ポジション
チェンジだ

なにイ
F. GOMES
16
21
ビュッ

M・オルガド
F・コンセスの
ポジションが
重なる
おい
ボールも
持っていない
ツバサに
二人マークは
おかしいだろ
えっ
だけど…
M.OLGADO 2

逆に トップ下の
ポジションに入った
リバウールは…
フリーだ!!

あっと
そして
振りむきざま…

いきなり
リバウール
その黄金の左脚を
振り抜く〜〜っ!!

代わって入った直後のファーストプレイで早くもゴールか!?
バルサの鷹リバウール

ゴールデンホークショット発進だァ!!
くそっ

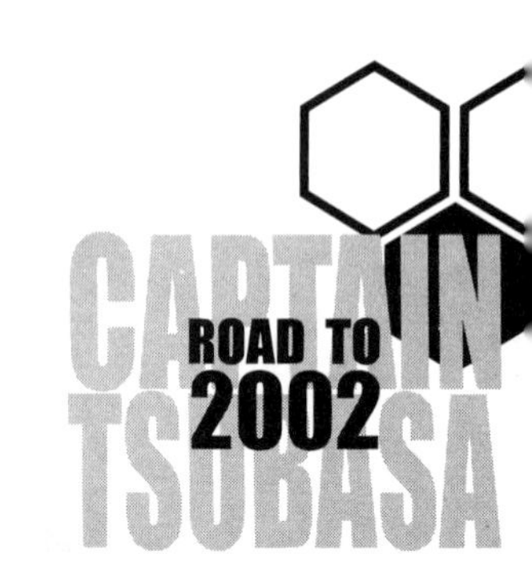
CAPTAIN TSUBASA
ROAD TO 2002

ROAD 119
力の限り…!!

あ〰〰っと惜しい
リバウールのシュートはゴールポスト
チッ

ホッ…
しかし今の一撃は
間違いなく
エース
リバウール健在を
印象づけました

R・マドリッドに
とっては
まさに
脅威のエース
バルセロナの
鷹が今
カンプ ノウに
戻ってきました
入って いきなり
こんなキレのいい
シュートを
打ってくるなんて
ホントに腰が
悪いのかよ
やっかいな
ヤツが
戻ってきたぜ
へへへ…さすが
現役ブラジル代表
10番
この試合の
楽しみがひとつ
増えたかな…
リバウール
リバウール

そして会場はバルセロナの反撃を期待しての大リバウールコールです
リバウール
リバウール
リバウール
リバウール
リバウール
リバウール
リバウール
リバウール
パパ
すげェ

バルセロナにとっての最後の切り札リバウール
ヤツが入ることによって試合のムードは一変した
ならばヤツを抑えるための手を打つか
いや…今 弱気になる必要はない
この反撃ムードを一瞬にして静まり返らせる手段…それはもちろん…
この試合の勝利を決定づけるリードを3点差に広げるダメ押し点を取ることだ
攻めろ みんな!!

守りに入る必要はない
監督…
もう1点取って
一気に試合を決めてしまえ
みんな
よし行くぞ!!
バルセロナの応援一色のカンプ ノウ
しかし今日のR・マドリットはアウェーながら超積極的です

2点のリードを
奪っても
まだ攻めます
ラインを押し上げ
猛攻を仕掛ける
王者
R・マドリッド
うっ
その卓越した
パス回し
し…しかし
翼だ

翼が懸命に このボールを 追い回す
おっと
これは トップ下に こだわらない 翼の 積極的プレイ
そうだ 受けに 回っていては また R・マドリッドの パス回しに 屈してしまう
たとえ ボールは 取れなくても 相手に プレッシャーを 与える動き
ツバサが今 やっている 積極的な ディフェンスこそ 俺達には 必要なんだ

ツバサを見習え!!
こっちもプレスをかけろもっと積極的にボールを追え!!
ド
おう!!
ド
そうすれば必ず完璧に見えるR・マドリッドのパス回しにもほころびは見つかるはずだ!!
なっ
12

あっと
パスカット
これ以上の
追加点は
絶対にやれない
バルセロナ
R・マドリッドに
負けない運動量を
発揮しての
パスカットです
あっ
バッ
ザッ
やった!

しかし これをナトゥレーザがすかさず奪い返す
さすが天才的な読みだナトゥレーザ
バシ
あっ
!!
おっとボールを奪い返したナトゥレーザには
なんとリバウールがつきます
RIVAUL
10
ババッ

これは両チームエース同士の激突か!?
へへへ…
遠慮なく
いかせてもらうぜ!!
ナトゥレーザ得意のフェイントを駆使しドリブル突破を試みる
RIVAUL
10
RIVAUL

こ…これは
ナトゥレーザの
ラボーナフェイント
しかし
リバウールも
体勢を低くしての
サブマリン
ディフェンスだ
RIVAUL
10

しかし
ナトゥレーザ
これも
ジャンプ一番
かわす〜〜〜っ
RIVAUL
10

あっと
しかし
この位置には
翼だ

今度は翼が
ナトゥレーザの
プレイを
読んでいた
えっ
RIVAUL
10

くるっ
そして
バルセロナ
すぐさま
反撃に移る

いくぞツバサ
はい!!
リバウールさん
翼とリバウールで逆襲開始だァ

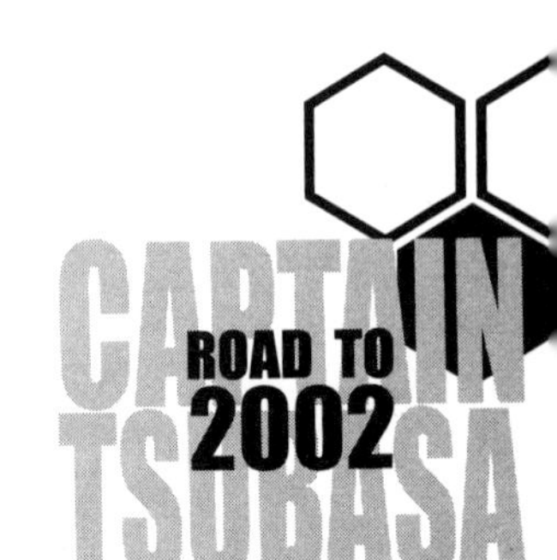
CAPTAIN TSUBASA
ROAD TO 2002

ROAD 120
空からの強襲!

バルセロナは
翼

攻め上がる
よし!
いけェ!!

頼むぞ
ツバサ
リバウール
両エース!!

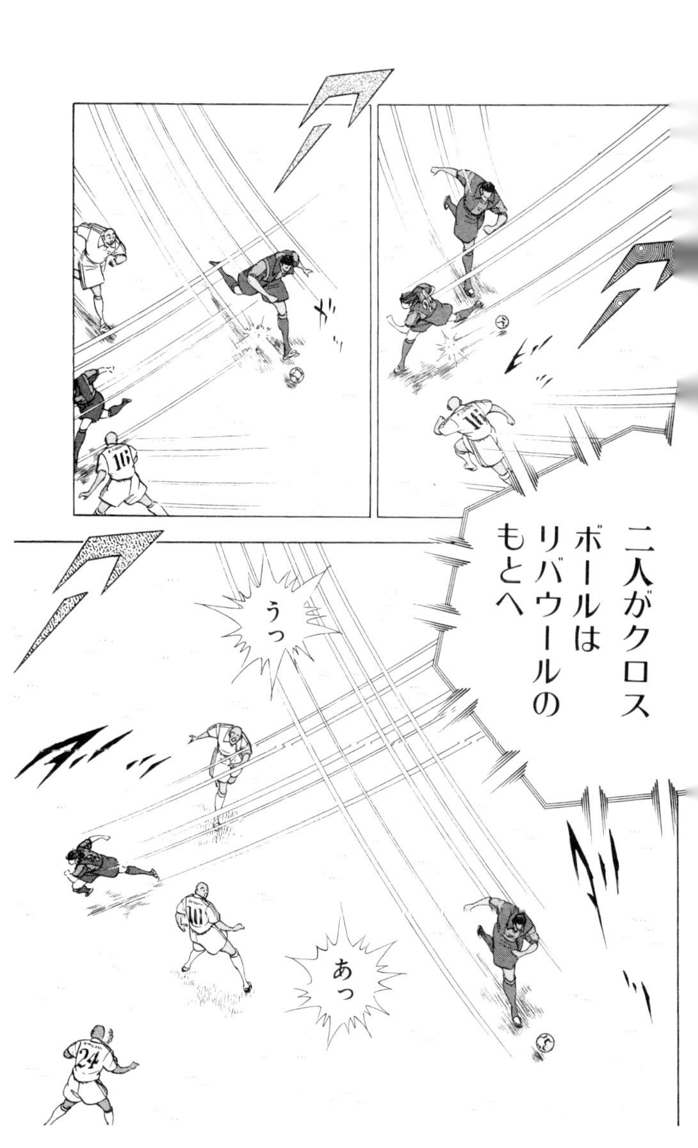

ガッ
ドッ
二人がクロス
ボールは
リバウールの
もとへ
うっ
ダッ
ズリッ
あっ

リバウールから
翼へ

そして
翼の
スルーパス

二人の見事な連携
リバウールは一気に
R・マドリッド
ペナルティ
エリア内へ突入!!

しかし このリバウールにはR・マドリッドキャプテンブルーノがついている
勝負だブルーノ
止める
リバウール間髪入れずブルーノを抜きにかかる
ザッ

ライバル同士の激突
RIVAUL

ブルーノ
懸命の
ディフェンスだ
二人のせめぎ合い
ボールが
こぼれる…

あっと リバウール
止められても素早く反転
宙に浮いた
このボールに対し
オーバーヘッドにいく
リバウールさん
!!
させるか!!
しかし
ブルーノも
このオーバーヘッド
シュートを
ブロックにいく

チョーン
あっと これは
シュートではない
そのまま打っては
ブロックされると
リバウール とっさに
つま先キックで
えっ
パスに変えたァ

そして このパスが
来ることを最初から
予測していたかの
ごとく 翼がすでに
宙を舞っている

リバウールのこのオーバーヘッドパスに翼もオーバーヘッドで応える

決まったァ
リバウール翼のダブルオーバーヘッド炸裂〜〜〜っ

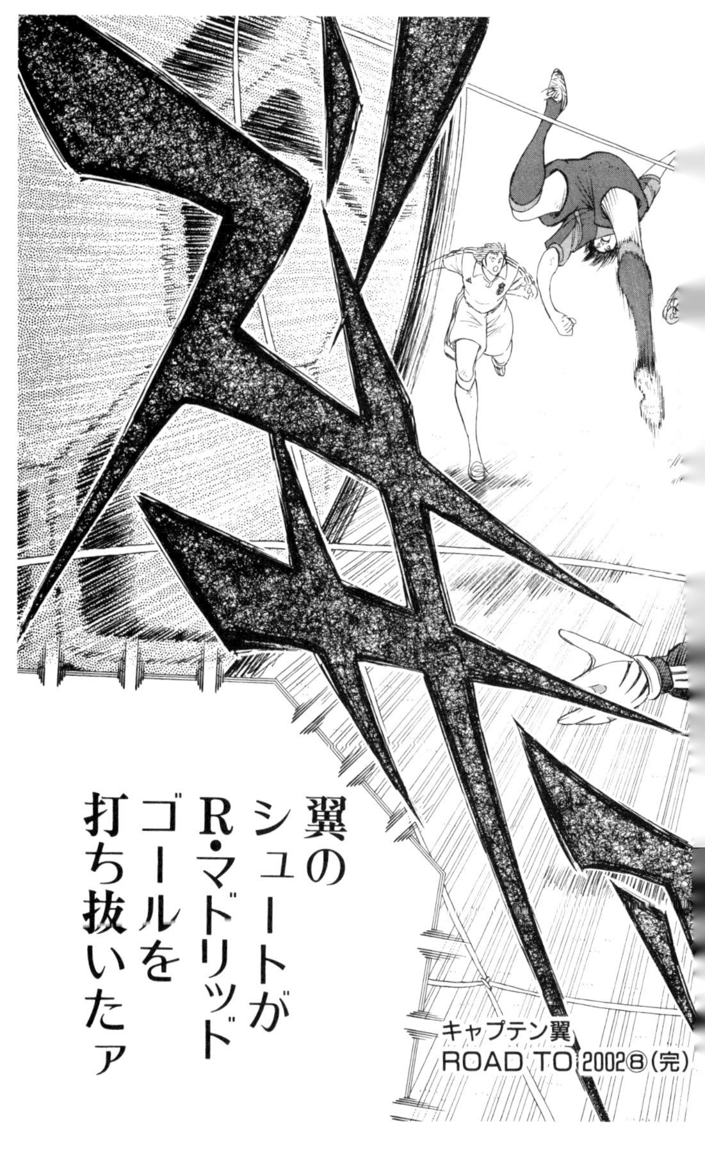

翼のシュートがR・マドリッドゴールを打ち抜いたァ
キャプテン翼
ROAD TO 2002⑧(完)

日本の将来を担う新世代ライバル対決!!

左サイドを支配するドリブラーが「キャプテン翼」&「内田篤人」を語る!

『安田理大』スペシャルインタビュー!!

©Daisuke SAKIMURA

安田理大
Michihiro Yasuda

PROFILE
1987年12月20日生まれ。主に左サイドのポジションを担当し、「仕掛ける」という意識が高いドリブラー。優れた足元の技術を生かした果敢な突破からのシュートやクロスが武器。2008年2月17日、東アジア選手権の対北朝鮮戦でA代表デビュー。明るいキャラクターでチーム内のムードメーカーの役割も担っている。

©Daisuke SAKIMURA

小学校の頃の僕にとって、『キャプテン翼』はまさに《バイブル》でしたね。なんであそこまでハマったのか、自分でもわからないくらい、ハマってました。コミックは弟（安田晃大／今シーズン、兄・理大に続いてガンバ大阪ユースからトップチーム昇格を果たした攻撃的ＭＦ）が漫画好きだったこともあって家に全巻揃ってましたし、アニメも見てましたね。朝、学校に行く前に『朝のこども劇場』で『キャプテン翼』のアニメを見てから学校に行ってました。毎日の練習では、それこそ翼くんを意識して、「ボールは友達や」って感じでボールを蹴ってましたね。

選手でも日向のようにコーラ飲んでいいんや（笑）。

僕はコーラが大好きなんですが、コーラを飲むようになったのも『キャプテン翼』の影響なんです。日向小次郎がシュート練習をしているシーンで、コーラの缶が転がっていたのがきっかけです。昔は、コーラをはじめ炭酸飲料は、「スポーツ選手は飲んだらあかん」みたいなイメージがありましたけど、日向小次郎が飲んでいたので、「飲んでいいんや」と（笑）。ホント、それからは「コーラが原動力」って言っても大げさじゃないくらい、コーラにハマってますね。

『キャプテン翼』の登場人物の中で一番好きなのは葵新伍です。何と言っても、《プリンチペ・デル・ソーレ》(イタリア語で「太陽王子」の意。葵新伍のイタリアでのニックネーム)やからね(笑)。彼の「直角フェイント」は特に好きで、よく練習しました。他に

彼の「直角フェイント」は特に好きで、よく練習しました。

も、いろんな技をマネしましたけど、一番記憶に残ってるのは、やっぱり「スカイラブ・ハリケーン」かな。プールに行った時に、兄弟3人でよくマネしてました。2人が足と足を合わせて立って、もう1人がボールを投げる、っていう感じで。

それから、(カルロス・)サンターナも好きですね。ブラジル版の翼くんって感じで、しかもワールドユース編で登場した時、「翼

くんよりも上手いんちゃうか？」という感じだったじゃないですか。それから、（ステファン・）レヴィン。彼が「レヴィンシュート」で銅像を破壊するシーンは、かなり印象に残ってますね。

他では、石崎（了）くんも好きですよ。上手い選手が多い中、気持ちで戦うのは彼くらいですから、やっぱり思い入れありますね。それに、ちょっと《お笑いキャラ》入ってるところも好感持てますし（笑）。

登場人物の中で一番好きなのは葵新伍です。

他にも、つまようじをくわえながらサッカーをやる（ヘルマン・）カルツも、小学生ながらに気になってましたし、中国の選手（肖俊光）の「反動蹴速迅砲」なんかも気になる技でした。あとは、日向小次郎の「雷獣シュート」が生まれるきっかけになったソフトボールの女の子（赤嶺真紀）も好きですね。勝ち気なキャラもツボですし、何よりあ

の一匹狼の日向小次郎を手玉に取るんですからすごいです（笑）。

もし、自分が『キャプテン翼』の中に登場するとしたら、やっぱり左サイドバックでプレーしたいですね。攻撃的なポジションには、ライバルがいっぱいいますから。さすがに翼くんとかには勝てないでしょうし（笑）。だから、翼くんにアシストしたり、逆にスルーパスをもらったりできれば最高ですね。

© Taisuke NISHIDA

『キャプテン翼』の魅力は、もちろん、サッカーシーンの面白さもありますが、それ以上に、キャラクター同士の結びつきが魅力だと思います。僕もこれまでサッカーをやってきて、サッカーを通じて友達の輪が広がったり、ライバルの存在によって、より成長できたりということを実際に感じています。ちなみに、今の僕にとってのライバルは、ウッチー（内田篤人／鹿島アントラーズ）ですね。ウッチーは、常に自分よりも先を行ってる存在というか、オリンピック代表やA代表でも先に選ばれて試合に出てますし、実際、彼のプレーを見て勉強になることも多い

（内田篤人／鹿島アントラーズ）ですね。いつも刺激を受けてます。

©Daisuke SAKIMURA

です。特に、ワンツーで仕掛ける時のタイミングや走り方は勉強になりますし、クロスの精度も高い。タイプは違いますが、同じサイドバックの選手として、いつも刺激を受けてます。もちろん、やるからには負けるつもりはないですし、Jリーグなどでマッチアップする時には、絶対に勝ちたいと思います。なので、その時には、みんなウッチーではなく、僕を応援してくださいね！（笑）
（この文中のデータは2008年3月のものです。）

ちなみに、今の僕にとってのライバルは、ウッチー

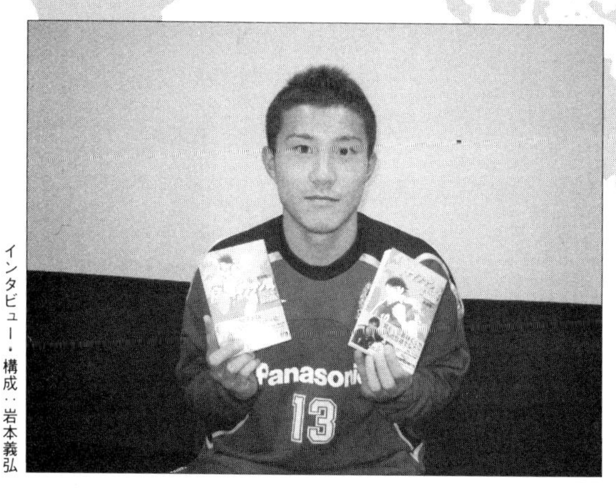

インタビュー・構成：岩本義弘

★収録作品は週刊ヤングジャンプ2003年15号～19号、
21·22合併号～32号に掲載されました。
（この作品は、ヤングジャンプ・コミックスとして2003年11月、
2004年1月、4月に集英社より刊行された。）

集英社文庫（コミック版）

キャプテン翼ROAD TO 2002 8

2008年4月23日 第1刷
2013年6月10日 第2刷

定価はカバーに表示してあります。

著者 高橋陽一

発行者 茨木政彦

発行所 株式会社 集英社
東京都千代田区一ツ橋2－5－10
〒101-8050
電話
03（3230）6251（編集部）
03（3230）6393（販売部）
03（3230）6080（読者係）

印刷 凸版印刷株式会社

表紙フォーマットデザイン アリヤマデザインストア マークデザイン 居山浩二

Printed in Japan

ISBN978-4-08-618711-4 C0179